Margaret Fishback Powers

Spuren im Sand

Das Gedicht, das Millionen bewegt

BRUNNEN
VERLAG GIESSEN · BASEL

Eines Nachts hatte ich einen Traum.

*Herr,
du kennst mich durch und durch.
Ob ich gehe oder liege –
du siehst mich,
mein ganzes Leben ist dir vertraut.
Von allen Seiten umgibst du mich
und hältst deine schützende Hand über mir.*

Aus Psalm 139

*Ich ging am Meer entlang
mit meinem Herrn.*

*Du zeigst mir den Weg,
der zum Leben führt.
Du beschenkst mich
mit Freude,
denn du bist bei mir.*

Aus Psalm 16

*Vor dem dunklen
Nachthimmel erstrahlten,
Streiflichtern gleich,
Bilder aus meinem Leben.*

*Durchforsche mich, o Gott,
und sieh mir ins Herz,
prüfe meine Gedanken und Gefühle.
Sieh, ob ich in Gefahr bin,
dir untreu zu werden,
dann hol mich zurück.*

Aus Psalm 139

*Und jedesmal sah ich
zwei Fußspuren im Sand,
meine eigene
und die meines Herrn.*

Der Herr ist mein Hirte.
Nichts wird mir fehlen.
Er leitet mich auf sicheren Wegen,
weil er der gute Hirte ist.

Aus Psalm 23

 *Als das letzte Bild an meinen Augen vorübergezogen war, blickte ich zurück.*

*Ich will den Herrn loben und nie vergessen,
wie viel Gutes er mir getan hat.
Seine Liebe und Güte
umgeben mich allezeit.*

Aus Psalm 103

*Ich erschrak, als ich entdeckte,
dass an vielen Stellen
meines Lebensweges nur
eine Spur zu sehen war.*

*Herr, verlass mich nicht!
Mein Gott, bleib nicht fern von mir!
Komm und hilf mir schnell!*

Aus Psalm 38

*Und das
waren gerade
die schwersten Zeiten
meines Lebens.*

*Von Anfang an habe ich euch getragen,
seit eurer Geburt sorge ich für euch.
Ich bleibe derselbe;
ich werde euch tragen
bis ins hohe Alter, bis ihr grau werdet.
Ich, der Herr, habe es bisher getan,
und ich werde euch auch in Zukunft
tragen und retten.*

Aus Jesaja 46

*Besorgt fragte ich den Herrn:
„Herr, als ich anfing,
dir nachzufolgen,
da hast du mir versprochen,
auf allen Wegen bei mir zu sein.*

*Ich bin der Herr!
Ich enttäusche keinen,
der mir sein Vertrauen schenkt.*

Aus Jesaja 49

 *Aber jetzt entdecke ich,
dass in den
schwersten Zeiten
meines Lebens
nur eine Spur
im Sand
zu sehen ist.*

*Mein Gott, mein Gott,
warum hast du mich verlassen?
Warum bist du so weit weg?*

Aus Psalm 22

*Warum hast du mich allein gelassen,
als ich dich am meisten brauchte?"*

*Herr,
wende dich nicht länger
von mir ab!
Nur du kannst mir
neue Kraft geben,
komm mir schnell zu Hilfe!*

Aus Psalm 22

*Da antwortete er:
„Mein liebes Kind,*

*Fürchte dich nicht, denn ich bin bei dir;
hab keine Angst, denn ich bin dein Gott.
Ich nehme dich an deiner rechten Hand
und sage: Hab keine Angst!
Ich helfe dir!*

Aus Jesaja 41

ich liebe dich und werde dich nie allein lassen, erst recht nicht in Nöten und Schwierigkeiten.

Weder Gegenwärtiges noch Zukünftiges,
weder Himmel noch Hölle
oder sonst irgendetwas
können uns von der Liebe Gottes trennen.

Aus Römer 8

*Dort, wo du nur eine Spur gesehen hast,
da habe ich dich getragen."*

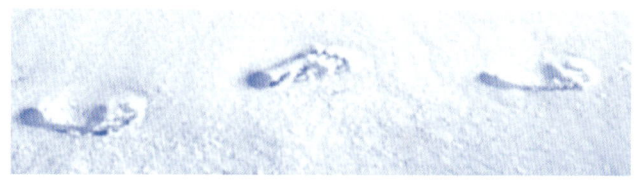

*Gott hat seine Engel ausgesandt,
damit sie dich schützen,
wohin du auch gehst.
Sie werden dich auf Händen tragen,
und du wirst dich nicht einmal
an einem Stein verletzen.*

Aus Psalm 91

Wie das Gedicht entstand

Es begann mit einem Heiratsantrag.
„Ich liebe dich", sagte Paul Powers zu seiner Freundin Margaret Fishback, „und ich möchte, dass wir heiraten. So bald wie möglich!"
Aber Margaret hatte noch Bedenken. Zu viele Enttäuschungen hatte sie in letzter Zeit durchleben müssen.
Während eines langen Strandspaziergangs versuchten die beiden, ihre Gefühle zu klären. Schließlich blickten sie zurück auf die Spuren, die ihre Füße im feuchten Sand hinterlassen hatten. An vielen Stellen war nur noch eine Spur zu sehen, weil die heranrollenden Wellen den Sand weggespült hatten.
„Siehst du?", versicherte Paul eifrig, „wenn wir heiraten, werden wir beide eins werden. Wie ich mich darauf freue, mit dir gemeinsam durchs Leben zu gehen!"
Margaret war immer noch unsicher. „Und wenn es Schwierigkeiten gibt? Wenn unsere Träume weggewischt werden – so wie diese Spuren im Sand?"
„Dann wird Gott uns tragen."
In der folgenden Nacht konnte Margaret einfach keinen Schlaf finden. Der Spaziergang vom Nachmittag und Pauls Worte gingen ihr nicht aus dem Sinn. Immer wenn sie die Augen schloss, sah sie die Spuren am Strand vor sich.
Da tastete sie im Dunkeln nach Notizbuch, Kugelschreiber und Taschenlampe – und begann zu schreiben. Blitzartig tauchten vor ihrem inneren Auge Bilder aus der Vergangenheit auf.
„Gott hat mich immer auf meinem Lebensweg begleitet", das wurde Margaret im Rückblick klar. „Und er hat mich nicht nur begleitet, nein, in schweren Zeiten hat er mich sogar getragen."

Am nächsten Morgen las Margaret sich das Gedicht, das sie in der Nacht aufgeschrieben hatte, noch einmal durch: "Eines Nachts hatte ich einen Traum: Ich ging am Meer entlang mit meinem Herrn …"
Jetzt wusste sie ganz genau, dass Gott sie niemals verlassen würde. Gott ist Liebe, wurde ihr klar, und deswegen konnte sie auch selbst lieben. Und nun wusste sie auch, welche Antwort sie Paul geben würde.

Der Text auf Seite 30 ist entnommen aus: Margaret Fishback Powers, Wo du nur eine Spur gesehen hast, da habe ich dich getragen. Brunnen Verlag Gießen
Originalfassung des Gedichts „Footprints": © 1964 Margaret Fishback Powers
Deutsche Fassung des Gedichts „Spuren im Sand" © 1996 Brunnen Verlag Gießen

Bibeltext: Hoffnung für alle © 1983, 1996 by International Bible Society.
Alle Rechte vorbehalten. Übersetzt und herausgegeben durch:
Brunnen Verlag Basel und Gießen.

Fotos:
K. Ender: S. 9
Heidt: S. 31
Neufeld: S. 19
M. Pawlitzki: S. 3, 13, 21, 23, 27
Photodisc: Umschlagfoto, S. 5, 7, 11, 15, 17, 25, 29

10. Auflage 2007

© 1999 Brunnen Verlag Gießen
Umschlaggestaltung: Ralf Simon
Layout: Eva Joneleit
Druck: Proost, Belgien
ISBN 978-3-7655-6408-6